ExLibris

Der Kleine TaschenFreund

ISBN 978-3-649-61061-8

Hafenweg 30, 48155 Münster, Germany

Textsammlung: Kai König

Textsatz: Internetlitho, Münster

Printed in China

www.coppenrath.de

Maria, du strahlst so!

Lichterlohe Weihnachtszeit

Mit Illustrationen von Thorsten Saleina

COPPENRATH

Inhalt

Peinliche Panne

von Frantz Wittkamp

Man glaubt es kaum.
Peinliche Panne.
Der Tannenbaum
war keine Tanne.
War eine Fichte.
Schöne Geschichte.

Weihnachten ist ein Fest der Freude.
Leider wird dabei zu wenig gelacht.

Jean-Paul Sartre

Nikoläuse oder Nikolause

von Barbara Kupke

Obwohl es um die Jahrhundertwende keineswegs üblich war, kümmerte sich mein Großvater sehr um die Erziehung seiner sechs Kinder und überließ dies nicht meiner Großmutter allein. Es wurde also viel im Familienkreis gespielt, gebastelt und auch diskutiert.

Als nun die Adventszeit kam, sollte für das bevorstehende Fest des heiligen Nikolaus auch gebastelt werden, damit er die sauber geputzten Schuhe auch reichlich füllte.

Dabei ergab sich nun die Frage, ob wirklich ein einziger Nikolaus in der Lage ist, die Kinder in aller Welt in einer Nacht zu besuchen und zu beschenken; oder ob es mehrere Nikoläuse gibt.

Ja, und damit war man schon heftig am Diskutieren. Heißt es wirklich Nikoläuse, muss es nicht Nikolause heißen, oder wie heißt die Mehrzahl von Nikolaus richtig? Man wälzte also Nachschlagewerke, aber keines konnte die erklärende Antwort auf diese Frage geben.
Da kam mein Großvater auf die Idee, doch einen Fachmann zu fragen. Er ging also in das nächste Schokoladengeschäft und sagte: „Ich hätte gerne einen Nikolaus aus Schokolade." Als die Verkäuferin ihn dann einpackte, fiel Großvater ein: „Ach nein, geben Sie mir doch bitte noch einen, und könnte ich wohl bitte eine Quittung für die Sachen haben?" Die Verkäuferin packte also die beiden Schokoladen-Nikoläuse ein und schrieb eifrig die Quittung. Nach dem Bezahlen reichte sie beides meinem Großvater, der sich allerdings genierte, gleich im Laden die Quittung zu lesen. Er ging also eilig aus dem Laden und war sich ganz sicher, nun endlich die richtige Antwort auf

das Problem der „Nikoläuse“ oder „Nikolause“ gefunden zu haben.
Als er nun die Quittung entfaltete, stand dort in sauberer Schrift: 2 Weihnachtsmänner.

So weiß meine Familie bis heute leider noch nicht, ob es eine Mehrzahl von „Nikolaus“ gibt und, wenn ja, wie sie richtig heißt.

An Dezembertagen

von Anne Steinwart

An Dezembertagen kann es sein,
dass es abends freundlich klopft,
dass Besuch kommt unverhofft,
dass dir jemand Himmelstorte backt
und die dicksten Nüsse knackt,
dass er dir ein Lied mitbringt
und von seinen Träumen singt.

An Dezembertagen kann es sein,
dass Menschen plötzlich Flügel tragen
und nach Herzenswünschen fragen.
Riesen werden sanft und klein,
laden alle Zwerge ein –
Dezember müsst es immer sein.

Nichts ist gemeiner,
als einem Kind
etwas Nützliches
zu Weihnachten
zu schenken.

Kin Hubbard

Die Mutter aller Sätze

von Jess Jochimsen

Der eine schlimme Muttersatz, den ich mir sehr lange anhören musste, lautet: „Wann bist du denn mit dem Studium fertig?“ Ich war keine zwei Wochen in der fremden Stadt, hatte die Uni genaugenommen von innen noch gar nicht gesehen, aber schon zwanzigmal mit meiner Mutter telefoniert, die von mir wissen wollte, wie es mir denn gefalle, was ich denn schon gelernt habe, „hast du denn auch schon Freunde gefunden, mein Sohn?“, und eine Freundin vor allem, ob ich denn zu heiraten gedenke, überhaupt soll ich mich immer warm anziehen und: „Wann bist du denn mit dem Studium fertig?“
So ging das Tag für Tag: „Isst du auch was Gescheites?“ Ja, Mutter. „Und zieh dich warm an.“

Ja, Mutter. „Was machen die Eltern deiner Freundin gleich noch mal?“ Ich habe keine Freundin, Mutter. „Widersprich nicht immer. Wenn du so ruppig bist, findest du auch keine Frau.“ Ja, Mutter. „Sag nicht immer ja, Mutter.“ Ja, Mutter. „Und wann bist du denn mit dem Studium fertig?“
Der andere Muttersatz ist fast noch schlimmer und geht so: „Sag mal, Junge, kommst du Weihnachten nach Hause?“
„Mutter, es sind noch über drei Monate.“
„Kind, du bist gut, ich muss doch planen.“
Mein Gott, Weihnachten zu Hause … War eh immer gleich: Papa schmückt den Baum, Mutter kocht und ältere Brüder zu haben ist schon mal ganz doof. Abgelegte Sachen kriegt man von ihnen und Dresche kriegt man von ihnen oder Platten, die sie nicht mehr brauchen, „I just called to say I love you“, schönen Dank auch, ältere Brüder sagen: „Wir gehen nach der Bescherung noch in den Pub.“

„Darf ich mit?"
„Das ist nix für Babys."
„Ich bin kein Baby mehr."
„Du glaubst doch noch an den Weihnachtsmann."
„Na und?"
„Den Weihnachtsmann gibt's nicht."
„Wohl gibt's den. Ich habe ihm doch geschrieben."
„Und hat's was genützt?"
„Er hatte eben viel zu tun."
Ältere Brüder gehen dann ohne mich in den Pub, und ich bleibe zuhause und soll mich freuen. „Oh, ein Schal, toll. Danke."
Von 1974 bis 1986 bekam ich jedes Weihnachten einen Schal, von der Oma gestrickt. Immer Schals. Kratzende, luftabschnürende Strick-Scheiße in abstrusen Farben – eine Mandelentzündung war allemal besser als lila-grüne Fransenschals. Ich habe sie immer absichtlich verloren, gab es nächstes Weihnachten eben einen neuen.

Meine Brüder bekamen Bonanza-Räder. Ich: Schals.
„Ich will keinen Schal."
„Dann erkältest du dich und musst sterben, Kind."
„Ich hasse Schals!"
Meine Oma heulte: „Dir stricke ich nie wieder was."
Ja, es gibt noch einen Gott! Aber ein paar Wochen später starb sie und ich hatte ein schlechtes Gewissen. Und ohne Oma gab es dann statt Schals Strumpfhosen und Pudelmützen und Patschuli-Öl und Socken und Phil Collins-Platten und Fäustlinge mit Bändchen und was es noch so brauchte, damit man beim Brennball definitiv als Letzter in die Mannschaft gewählt wurde …

„Sag mal Junge, kommst du denn jetzt Weihnachten nach Hause?"
„Ja, Mutter."

„Prima. Ich habe auch schon ein tolles Geschenk für dich. Und, äh, wann bist du eigentlich mit dem Studium fertig?“

2.0
1.5
1.0
vier Himmelpfort
Nikolaus | 94R7165
1.60 cm | 06.12.2012
Hausfriedensbruch

Adveniat

von Gerhard Polt

A: Und – Sie haben sich selbst angezeigt?

B: Freilich – ich habe einen Adventskoller bekommen.

A: Oje …

B: Ja, ich bin gleich zur Polizei, als ich erfahren hab, dass meine Kinder als falsche Sternsinger entlarvt wurden.

A: Die sind doch noch minderjährig, oder?

B: Eben. Sie haben sich als Sternsinger illegal – ohne Genehmigung einer kirchlichen Behörde – als solche verkleidet, haben die Leute durch Absingen von Adventsliedern sentimentalisiert und haben Geschenke angenommen. Aber die Polizei hat bei ihrer Verhaftung alles konfisziert.

A: Die ganze Beute?

B: Ja sicher: 14 Mandarinen, über ein halbes Pfund Nüsse, vier Blutorangen und Bargeld in Höhe von 14,32 DM.

A: Ui, ui, ui …

B: Dann blieb mir aber auch nichts mehr anderes übrig, als mich selbst zu stellen.

A: Autodenunziation!

B: Richtig. Ich habe seit 17 Jahren illegal als Nikolaus ohne Steuernummer, ohne Betriebserlaubnis, TÜV et cetera und auch ohne Gesundheitskontrolle – bin nie zum Gesundheitsamt – mich als heiliger Mann ausgegeben. Sämtliche Einkünfte am Fiskus vorbei – Sie verstehen – und vor allem einen Krampus, also den schwarzen Mann, für mich arbeiten lassen – und somit Schwarzarbeit begünstigt. Ich hoffe aber auf eine Bewährungsstrafe, und sollte ich einsitzen müssen, wäre es mein innigster Wunsch, bis Weihnachten wieder daheim zu sein.

Ich werde auch als Buße einen vollen Zentner Lebkuchen für einen karitativen Zweck spenden – ans Finanzamt.

A: Ans Finanzamt?

B: Wohin sonst?

A: Ich drücke Ihnen die Daumen. Und frohes Fest.

B: Ihnen auch. Vergelt's Gott.

URKUNDE
Rang 1:
Baumschmück
verpacken
Singen
1
2
3

Der Weihnachts-Champion

von Stefan Pinnow

Vor einigen Jahren – ich moderierte damals ein tägliches Magazin beim WDR – rief mich ein Redakteur eben dieses Senders an und fragte mich, was ich von einer Unterhaltungssendung halten würde mit dem Titel *Der Weihnachts-Champion.* Zehn Prominente sollten gegeneinander spielen, es ginge um Quizfragen rund um Weihnachten und der Gewinner dürfe sich dann der *Weihnachts-Champion* nennen.
Fantastisch, ich wollte immer schon eine Abendunterhaltungsshow moderieren. Ich sah die Zeitungskritiken schon vor mir: *Pinnow überzeugt als*

Weihnachts-Moderator! oder *Der neue Stern am Quiz-Himmel!*
Begeistert sagte ich zu.
„Das ist toll, dass Sie mitmachen“, freute sich der Redakteur, „dann haben wir ja alle zehn Kandidaten zusammen. Als Moderator konnten wir übrigens Ranga Yogeshwar gewinnen.“
Ich wollte sofort wieder absagen.
Ich als Kandidat? In einer Quiz-Show, in der es auch noch ausschließlich um Weihnachten geht? Unmöglich!

„Du als Kandidat?“, meinte auch meine Frau, als ich ihr von der Sache erzählte. „Lächerlich. Was weißt du schon von Weihnachten, außer dass es da Geschenke gibt.“
Sie hatte vermutlich recht. Um meine weihnachtliche Allgemeinbildung war es tatsächlich nicht gut bestellt. Allein schon an Weihnachtsliedertexten haperte es bei mir gewaltig. Also musste ich

trainieren. Ich recherchierte im Internet und entdeckte Bücher wie: *Wissenswertes über Weihnachten, Weihnachten von A bis Z* und sogar *Das große Weihnachts-Quiz für Kinder.* Insgesamt fast 20 Bücher, die mir geeignet schienen. Ich bestellte alle. Zwei Tage später kam das Paket an, groß wie ein Umzugskarton.

Noch vier Wochen bis zur Aufzeichnung der Sendung.

Das war knapp. Wie sollte ich in der kurzen Zeit alle Weihnachts-Enzyklopädien durcharbeiten? Alleine ging das nicht. Ich brauchte Unterstützung.

Die Familie! Abends zum Einschlafen las ich, statt Kinderbüchern, *1000 Fragen über Weihnachten* vor. Nach einigen Tagen wollten sich die Kinder nicht mehr von mir ins Bett bringen lassen. Umso besser. Hatte ich mehr Zeit zum Lesen und Lernen.

Drei Wochen vor der Sendung wollte ich mein bisher angeeignetes Weihnachts-Wissen überprüfen und bat meine Frau, mich abzufragen – aber sie weigerte sich, von meinem Weihnachtsfieber leicht genervt.

Noch zwei Wochen bis zur Show.

Ich fand ein anderes Opfer. Meine Co-Moderatorin Eva. Sie hatte Verständnis für meine Lage.

„Wenn du Weihnachts-Champion wirst, ist das ja auch eine gute Werbung für unsere Sendung“, meinte sie. Und so saßen wir beide die nächsten Tage in den Mittagspausen in der WDR-Kantine mit der Weihnachtslektüre. Ein bisschen kamen wir uns vor wie Harry Potter und Hermine, die im Speisesaal in Hogwarts über ihren Zauberbüchern büffeln.

Eine Woche vor dem großen Termin kam plötzlich der Redakteur, der mich eingeladen hatte, in unser Büro.

„Es ist was Blödes passiert. Eine Kandidatin hat uns abgesagt und ich wollte Sie fragen, ob Sie Lust hätten, kurzfristig einzuspringen", fragte er … Eva. Sie hatte. Schließlich war sie ja bestens vorbereitet.

Sieben Tage später, im Studio A des WDR, Köln-Bocklemünd, es war 22:00 Uhr. Seit zwei Stunden lief die Aufzeichnung zur Sendung *Der Weihnachts-Champion.*
Ranga Yogeshwar moderierte die letzte Runde an: „Und im Finale sind: Eva und Stefan! Ihr habt bisher alle Fragen richtig beantwortet. Toll. Wie kann das sein, Stefan? Es ist fast so, als hättet ihr euch abgesprochen."
„So ähnlich", brummte ich zerknirscht.
„Kommen wir also zur alles entscheidenden letzten Frage. Wer zuerst den roten Buzzer drückt und die richtige Antwort hat, ist der Weihnachts-Champion!"
Applaus im Publikum. Die Scheinwerfer wurden gedimmt, spannende Musik erklang. Mein Herz

pochte. Jetzt bloß nicht schlappmachen. Bloß keine Weihnachtslieder-Frage, schoss es mir durch den Kopf.

„In welchem Weihnachtslied“, hörte ich Ranga Yogeshwar, „heißt es: *Die Hoffnung und Beständigkeit gibt Mut und Kraft zu jeder Zeit?* “

Hoffnung? Mut? Beständigkeit? Aus den Augenwinkeln sah ich, wie Eva auf den Buzzer schlug und laut rief: „O Tannenbaum!“

„Richtig“, schrie Ranga Yogeshwar, „der Weihnachts-Champion ist damit: Eva!“

Später bei der After-Show-Party, ich stand trübsinnig in der Ecke, leise *O Tannenbaum* summend, entdeckte mich der Redakteur und meinte: „Wenn die Quoten gut sind, wollen wir nächstes Jahr mit gleichem Konzept den Oster-Champion suchen. Lust mitzumachen?“

Und nun raten Sie mal, was ich bis Ostern tun werde.

Man altert nicht zwischen
Neujahr und Weihnachten,
sondern zwischen
Weihnachten und Neujahr.

Anonym

Ein Brief an den Schneemann

von Paul Schick

Sehr geehrter Herr Schneemann!

Ich möchte Sie hiermit höflich fragen,
ob es wahr ist, was die Leute sagen:
Sie hätten in Wirklichkeit gar kein Herz.
Ihre Augen wären ein dummer Scherz
von bösen Buben, die einfach Kohlen
aus dem Keller holen.
Sie wissen ja selber – die Menschen sind schlecht
und meinen, Ihre Nase wär nicht echt,
sondern bloß eine gelbe Rübe,
die in der Küche übrig bliebe!
Nein, was sind diese Buben so frech!
Sie lachen und sagen, Ihr Hut sei aus Blech
und ein Eimer.

Als Schnee fiel in den Abendstunden,
hätten sie ihn im Gerümpel gefunden!
Ist wirklich Ihr Bauch nur ein Klumpen,
ein nasser,
und inwendig nichts als gefrorenes Wasser?
Wenn das stimmt, dann haben Sie Glück,
mein Lieber,
und kriegen nie Bauchschmerzen und Fieber,
niemals Schnupfen und kalte Füße!
Frieren Sie wohl!

Herzliche Grüße!

Das dritte Bein – ein Weihnachtswunder

von Erwin Grosche

Wer mit wachen Augen durch die Welt geht, entdeckt auch heute noch – besonders zur Weihnachtszeit – Wunder. Gerade der Weltabgewandte ist oft von Wundern umgeben, ohne sie genießen zu können, weil er sie nicht als solche begreift.
Es scheint beinahe verschwenderisch, wie oft das Leben von Finanzbeamten von Wundern begleitet wird. Meine letzte Einkommensteuererklärung war ein solches Wunder, ohne deswegen mit einem besonderen Erbarmen bedacht worden zu sein. Natürlich können Wunder nicht immer sinnvoll sein, doch wecken sie in uns die Sehn-

sucht nach Tannenbaum und Lichterglanz. Es ist typisch, dass man, wenn man ein Wunder als Wunder begreift, sich schon wieder außerhalb seines Wirkungsrahmens befindet.

1. Letzte Woche stand mein einsamer Nachbar vor der Tür und erklärte mir, dass er eine Erscheinung gehabt habe. „Da war was, wo vorher nichts war, und wollte, dass ich es sehe“, beschrieb er seine Heimsuchung.
Ich ergriff sofort seine Hand und fragte: „Und? Was wollte diese Erscheinung?“
Mein Nachbar überlegte.
„Nichts“, sagte er schließlich. „Meine Erscheinung wollte nichts, aber sie hatte drei Beine.“
Das ist natürlich auch selten, dass Erscheinungen, die sich erst die Mühe machen, dem einfachen Mann von der Straße zu begegnen, dann so mir nichts, dir nichts wieder verschwinden.
Und das auf drei Beinen.

„Da kann man nichts machen“, sagte ich zu meinem Nachbarn, „aber es ist schön, dass Sie dieses Erlebnis mit mir teilen wollen.“
Irgendwann ging dann mein Nachbar, noch immer fassungslos, doch beseelt nach Hause. Ich fragte mich danach, ob Erscheinungen nicht auch eine gewisse Verpflichtung gegenüber ihren Zeugnisablegern haben und für Veränderung sorgen sollten anstatt für Verwirrung. Ich überlegte sogar, ob nicht mein vor der Tür stehender Nachbar selbst ein Weihnachtswunder war, aber er hatte keine drei Beine und hinkte, als er ging.

2. Gestern stand in der Zeitung, dass *Schreiben und Schenken*, das Schreibwarengeschäft auf dem Domplatz, seine Türen schließen wird. Es will die Harmonie der Weihnachtszeit nicht stören, aber danach eine Lücke hinterlassen. Ich erinnerte mich sofort, wie mich Herr Weichler, der Inhaber von *Schreiben und Schenken*, kürzlich auf eine Weih-

nachtsneuheit hinwies. Der Weihnachtsmarkt auf dem Domplatz war gerade eröffnet worden und niemand wollte Glühwein trinken, weil es so warm war. Ich erinnerte mich, wie ich lieber zu Herrn Weichler gegangen war, um zu sehen, mit welchen Geschenkideen die Schreibwarenindustrie aufzutrumpfen gedachte.

„Ich glaube, ich habe etwas für Sie", hatte Herr Weichler gesagt und mich stolz zu einem Plastikständer, der direkt vorne an der Kasse stand, geführt. In diesem Plastikständer steckten Kugelschreiber, die alle einen Radiergummihut aufhatten.

„Ich habe so etwas noch nie gesehen", sagte Herr Weichler und zeigte auf diese Schreibwunder mit dem Radiergummihut. Ich schaute ihn ein wenig verständnislos an, weil ich nicht wusste, wie ich sonst schauen sollte. Da nahm Herr Weichler einen dieser Kugelschreiber aus der Box und schrieb seinen Namen auf einen kleinen Block, um ihn danach sofort wieder wegzuradieren. Ich schaute immer noch ein wenig zweifelnd auf dieses Ratzefummelwunder, als Herr Weichler schon wieder mit dem Kugelschreiber seinen Firmennamen auf dem Block verewigte, um ihn danach erneut erfolgreich wegzuradieren.

„Sagenhaft", stammelte ich. „Ich mag an Ihrem Radiergummi das ‚R' zu Beginn des Wortes."

„Es ist ein Wunder", ging Herr Weichler über meine Albernheit hinweg, „ich habe in meinem Beruf schon vieles gesehen, doch ein Kugelschreiber mit einem Radiergummihut treibt mir Tränen in die Augen."

Er hielt mir den Kugelschreiber dicht vor die Nase, so dass ich ihn an mich nahm, um nicht schielen zu müssen, und schrieb nun auch, zum dritten Mal, den Namen Weichler auf den Zettel und radierte ihn dann wieder weg. Tatsächlich, wie konnte etwas sein, was nicht sein konnte? Ich erinnerte mich noch an Zeiten, da standen Zahnbürsten nicht von selbst und die Kinder glaubten an das Christkind. Als ich nun von der baldigen Schließung des Schreibwarengeschäftes las, wunderte ich mich nicht. Haben wir nicht dessen baldiges Ende durch die symbolträchtige dreimalige Streichung selbst mitverschuldet? Müssen wir denn immer etwas sehen, um es dann erst glauben zu können? Auch die Erscheinungsformen des Christkindes sind umstritten. Jemand, der unbemerkt, ja unsichtbar in unsere Wohnungen gelangt und dort, zugegeben, etwas hinbringt, erscheint doch erst mal als Sicherheitsproblem. Wer nicht mehr in der Lage ist, an das Christkind und an Wunder zu glauben, wird ungern vor der Bescherung singen wollen. Mit anderen Worten, der verantwortungsbewusste Gläubige weiß, dass er durch das dreimalige Ausradieren eines Traditionsbetriebes auch dessen Untergang mit eingeleitet hat. Die Symbolik der Zahl Drei muss jedem klar sein und das Ausradieren eines Begriffes täuscht nicht über seine ehemalige Anwesenheit hinweg. Nichts passiert ohne Grund, alles hängt zusammen in einer Welt voller Wunder.

3. Heute las ich in der Weihnachtsbeilage der Zeit ein Interview mit dem Pädagogen Hartmut von Hentig. Er sprach von den drei großen Rs der Erziehung.
„R“ wie „Revier“, „Regeln“ und „Rituale“. Wieder schien die Zahl Drei mit einer unausweichlichen Erkenntnis präsentiert zu werden. Ich möchte diese drei Rs noch um ein weiteres R-Wort erweitern: Rollläden. Nichts zieht einen mehr herunter als Rollläden. Es kann kein Zufall sein, dass an diesem Tag, es war der dritte Adventssonntag, unsere Rolladenaufziehrolle ihren Geist aufgab und sich weder auf- noch abrollen ließ. Ich hatte meiner Frau gerade von den drei großen Rs erzählt, sogar ein wenig angegeben mit meinem pädagogischen Rundblick, als sie vor dem Fenster stand, um nach

dem Entzünden der drei Kerzen wieder Tageslicht in den Raum zu lassen. Ich ging in dem Augenblick gerade so weit, Hartmut von Hentigs Randnotizen auch für Chinesen verständlich auszusprechen und in alberner Weise als „Leviel", „Legeln" und „Lituale" zu verulken. Gerade wollte ich noch Herrn Weichlers „Ladielgummikugelschleibel" mit ins Spiel bringen, da geschah das Wunder. Es meldete sich das vierte R, die Rolllade, mit einem Rums und tauchte das Wohnzimmer in völlige Dunkelheit, so dass wir nichts mehr sahen außer drei kleinen Kerzenlichtern auf einem Adventskranz. Ich verstand dies als Zeichen, als Heimsuchung und habe seitdem noch mehr Respekt vor Hartmut von Hentigs Gesamtwerk. Natürlich akzeptiere ich trotzdem meine eigene unwesentliche Rolle in dieser Welt der Verwöhnten und Revierlosen. Ich gebe sogar zu, dass ich kein guter Rollladenreparateur bin und im Ausradieren von Kugelschreibernotizen bisher keinen Sinn sah.

4. Weihnachten ist das Fest der Wunder und der Weihnachtsplätzchen. Es stünde Weihnachtsplätzchen gut zu Gesicht, wenn sie auch noch schmecken würden. Es ist ein Wunder, wie lange man Weihnachtsplätzchen essen kann, ohne sie zu mögen. Manche Menschen glauben, dass Plätzchen immer zuerst gegessen werden, aber nicht von mir. In Erwartung einer Heimsuchung war mir aller Appetit vergangen.

5. Gestern bekam ich von meiner Tochter ein selbst gemaltes Bild geschenkt. Sie hatte es mit einem Kugelschreiber auf ein kariertes Blatt gekritzelt und ich war darauf mit drei Beinen zu sehen. Ein Weihnachtswunder? Am nächsten Morgen stand ich auf und schüttelte meine Hose aus, um in sie hineinzusteigen. Wie erstaunt war ich, dass anstatt der üblichen zwei Wollstrümpfe drei Wollstrümpfe durch die Hosenbeine purzelten.

So früh und schon ein Wunder, dachte ich und schaute an mir herunter, um alles genau im Blick zu haben. Es stimmt, das Wesentliche ist unsichtbar. Auf dem Bild meiner Tochter habe ich deshalb, dank Herrn Weichlers Wunderkuli, das dritte Bein wegradiert. Es muss nicht jeder wissen, dass ein ungeschickter Gang der Anfang eines Tausendfüßlerdaseins sein kann. Ich habe eins und zwei zusammengezählt und drei Kreuzzeichen gemacht. Ich habe mir eine Tüte mit unseren Restweihnachtsplätzchen zusammengestellt und bin damit zu meinem einsamen Nachbarn gegangen. „Auf einem Bein kann man nicht stehen“, habe ich zu ihm gesagt und ihn gebeten, das Weihnachtsfest mit meiner Familie zu begehen. Sonderbarerweise stellte sich heraus, dass mein Nachbar von Beruf Rollladenreparateur ist. Ich dachte sofort, wie übertrieben manchmal das Weihnachtsfest mit seinem Zauber überrascht, obwohl das eigentliche Wunder doch darin besteht, dass wir allen Kindern zeigen wollen, dass wir sie nicht alleine in die Welt hinausstolpern lassen. Wir sind ihr drittes Bein …

Die Verkündung

von Franz Hohler

Letzthin, im Zug, direkt neben dir, das elendfröhliche Digitalpiepsen eines Handys, und du weißt, jetzt wirst du die Seite nicht mehr in Ruhe zu Ende lesen können, du wirst mithören müssen, wo die Unterlagen im Büro gesucht werden sollten oder warum die Sitzung auf nächste Woche verschoben ist oder in welchem Restaurant man sich um 19 Uhr trifft, kurz, du bist auf die unüberhörbaren Schrecknisse des Alltags gefasst – und da kramt der junge Mann sein Apparätchen aus der Tasche, meldet sich und sagt dann laut: „Nein! – Wann? – Gestern Nacht? – Und was ist es? – Ein Bub? – So herzig! – 3 ½ Kilo? – Und wie geht es Jeannette? – So schön! – Sag ihr einen Gruß, gell? – Wie? – Oliver? …“

Und über uns alle, die wir in der Nähe sitzen und durch das Gespräch abgelenkt und gestört werden, huscht ein Schimmer von Rührung, denn soeben haben wir die uralte Botschaft vernommen, dass uns ein Kind geboren wurde.

Schenken heißt,
jemand anderem etwas zu geben,
das man am liebsten selbst
behalten möchte.

Selma Lagerlöf

Schenk-Zettel

von Robert Lembke

Jeder ordentliche Haushalt hat, je nach Größe, ein Zimmer, einen Schrank, ein Schubfach oder auch nur eine Schachtel „Verschiedenes". Bei mir ist es ein Schrank; und neben Schlüsseln, von denen niemand weiß, wo sie sperren, der Zigarrenkiste mit Briefmarken und Inflationsgeld von Onkel Anton, den ererbten Briefen, Locken und Bildern von Tante Anna, dem unterschriftsübersäten Bieruntersatz von der Schulabschlussfeier und dem vergilbten Postabschnitt mit dem ersten Honorar befindet sich darin eine Reihe von Weihnachtsgeschenken früherer Jahre, einige noch in der Originalverpackung.

Auch in einem vollen Schrank lässt sich noch eine Menge unterbringen; aber irgendwann bekommt er Metastasen und dann ist zu Hause Alarmstufe 1. Um zu verhindern, dass eine Frau mit der ihrem Geschlecht eigenen Gefühlskälte (soweit es unsere Vergangenheit betrifft) bleibende Schäden anrichtet und Unersetzliches vernichtet, macht man sich selbst ans Aufräumen.
Ich bin jetzt gerade dabei und habe nur kurz unterbrochen, um Ihnen einen Vorschlag machen zu können, der geeignet ist, eine ganze Reihe von Problemen zu lösen: Ein erheblicher Teil der Behältnisse „Verschiedenes“ in unseren Wohnungen wird beansprucht von Geschenken lieber Menschen. Man kann sie nicht verwenden (da unpassend) und man wagt nicht sie wegzuwerfen (da von lieben Menschen kommend). Auch weiterschenken ist gefährlich, da die Dinge in einer Art Kreislauf irgendwann wieder zum ursprünglichen Schenker zurückkehren und die Missachtung sei-

ner Aufmerksamkeit offenbaren könnten. Außerdem muss man auch noch damit rechnen, dass passende Geschenke doppelt oder gar mehrfach erscheinen, und mehr als ein Back-Gammon-Brett oder eine Kartenmischmaschine kann auch der spielfreudigste Haushalt nicht verkraften.
Um allen diesen Schwierigkeiten aus dem Weg zu gehen, schlage ich vor, künftig nur mehr Zettel zu verschenken. Diese in einem verschlossenen Umschlag zu Weihnachten überreichten Zettel enthalten eine genaue Bezeichnung des Gegenstandes, den der Schenkende überreichen wollte, und den Betrag, den auszugeben er bereit war.
Ich stelle es mir wunderschön vor, unter dem Christbaum sitzend alle die Zettel zu lesen, zu sehen, wer sich was Vernünftiges hat einfallen lassen und wie viel man dem Absender wert war. Anhand der Durchschläge der Zettel, die man selbst verschickt hat, kann man gut vergleichen, wie man „lag".

Voraussetzung ist natürlich, dass ehrlich gespielt wird, dass man nicht etwa, weil's halt nicht tatsächlich etwas kostet, zu hoch einsteigt, nur um anzugeben. Falls übrigens unter den Papiergeschenken etwas ist, was man wirklich gern hätte, kann man es sich ja von dem Geld, das man für nutzlose Geschenke an andere nicht ausgegeben hat, selbst kaufen.

Weihnachten war eine Zeit
der Stille und Besinnung,
bis jemand auf die Idee kam,
dass Geschenke sein müssen.

Anonym

Die Geschichte vom Weihnachtsbraten

von Margret Rettich

Einmal fand ein Mann am Strand eine Gans. Tags zuvor hatte der Novembersturm getobt. Sicher war sie zu weit hinausgeschwommen, dann abgetrieben und von den Wellen wieder an Land geworfen worden. In der Nähe hatte niemand Gänse. Es war eine richtige weiße Hausgans. Der Mann steckte sie unter seine Jacke und brachte sie seiner Frau: „Hier ist unser Weihnachtsbraten."
Beide hatten noch niemals ein Tier gehabt, darum hatten sie auch keinen Stall. Der Mann baute aus Pfosten, Brettern und Dachpappe einen Verschlag an der Hauswand. Die Frau legte Säcke hinein und darüber einen alten Pullover. In die Ecke stellte sie einen Topf mit Wasser.

„Weißt du, was Gänse fressen?“, fragte sie.
„Keine Ahnung“, sagte der Mann.
Sie probierten es mit Kartoffeln und mit Brot, aber die Gans rührte nichts an. Sie mochte auch keinen Reis und nicht den Rest vom Sonntagsnapfkuchen.
„Sie hat Heimweh nach anderen Gänsen“, sagte die Frau.
Die Gans wehrte sich nicht, als sie in die Küche getragen wurde. Sie saß still unter dem Tisch. Der Mann und die Frau hockten vor ihr, um sie aufzumuntern.
„Wir sind eben keine Gänse“, sagte der Mann.
Er setzte sich auf seinen Stuhl und suchte im Radio nach Blasmusik. Die Frau saß neben ihm am Tisch und klapperte mit den Stricknadeln. Es war sehr gemütlich. Plötzlich fraß die Gans Haferflocken und ein wenig vom Napfkuchen.
„Er lebt sich ein, der liebe Weihnachtsbraten“, sagte der Mann.

Bereits am anderen Morgen watschelte die Gans überall herum. Sie streckte den Hals durch offene Türen, knabberte an der Gardine und machte einen Klecks auf den Fußabstreifer.
Es war ein einfaches Haus, in dem der Mann und die Frau wohnten. Es gab keine Wasserleitung, sondern nur eine Pumpe. Als der Mann einen Eimer voll Wasser pumpte, wie er es jeden Morgen tat, ehe er zur Arbeit ging, kam die Gans, kletterte in den Eimer und badete. Das Wasser schwappte über und der Mann musste noch einmal pumpen.
Im Garten stand ein kleines Holzhäuschen, das war eine Toilette. Als die Frau dorthin ging, lief die Gans hinterher und drängte sich mit hinein. Später ging sie mit der Frau zusammen zum Bäcker und in den Milchladen.
Als der Mann am Nachmittag auf seinem Rad von der Arbeit kam, standen die Frau und die Gans an der Gartenpforte.

„Jetzt mag sie auch Kartoffeln“, erzählte die Frau. „Brav“, sagte der Mann und streichelte der Gans über den Kopf, „dann wird sie bis Weihnachten rund und fett.“

Der Verschlag wurde nie benutzt, denn die Gans blieb jede Nacht in der warmen Küche. Sie fraß und fraß. Manchmal setzte die Frau sie auf die Waage, und jedes Mal war sie schwerer.

Wenn der Mann und die Frau am Abend mit der Gans zusammensaßen, malten sich beide die herrlichsten Weihnachtsessen aus.

„Gänsebraten und Rotkohl, das passt gut“, meinte die Frau und kraulte die Gans auf ihrem Schoß. Der Mann hätte zwar statt Rotkohl lieber Sauerkraut gehabt, aber die Hauptsache waren für ihn die Klöße.

„Sie müssen groß sein wie mein Kopf und alle genau gleich“, sagte er.

„Und aus rohen Kartoffeln“, ergänzte die Frau.

„Nein, aus gekochten“, behauptete der Mann.

Dann einigten sie sich auf Klöße halb aus rohen und halb aus gekochten Kartoffeln. Wenn sie ins Bett gingen, lag die Gans am Fußende und wärmte sie.

Mit einem Mal war Weihnachten da. Die Frau schmückte einen kleinen Baum. Der Mann radelte zum Kaufmann und holte alles, was sie für den großen Festschmaus brauchten. Außerdem brachte er ein Kilo extrafeine Haferflocken.

„Wenn es auch ihre letzten sind“, seufzte er, „soll sie doch wissen, dass Weihnachten ist.“

„Was ich sagen wollte“, meinte die Frau, „wie, denkst du, sollten wir … ich meine … wir müssten doch nun …“

Aber weiter kam sie nicht.

Der Mann sagte eine Weile nichts. Und dann: „Ich kann es nicht.“

„Ich auch nicht“, sagte die Frau. „Ja, wenn es eine x-beliebige wäre. Aber nicht diese hier. Nein, ich kann es auf gar keinen Fall.“

Der Mann packte die Gans und klemmte sie in den Gepäckträger. Dann fuhr er auf dem Rad zum Nachbarn. Die Frau kochte inzwischen den Rotkohl und machte Klöße, einen genauso groß wie den anderen.
Der Nachbar wohnte zwar ziemlich weit weg, aber doch nicht so weit, dass es eine Tagesreise hätte werden müssen. Trotzdem kam der Mann erst am Abend wieder. Die Gans saß friedlich hinter ihm.
„Ich habe den Nachbarn nicht angetroffen, da sind wir etwas herumgeradelt“, sagte er verlegen.
„Macht gar nichts“, rief die Frau munter, „als du fort warst, habe ich mir überlegt, dass es den feinen Geschmack des Rotkohls und der Klöße nur stört, wenn man noch etwas anderes dazu auftischt.“
Die Frau hatte recht, und sie hatten ein gutes Essen. Die Gans verspeiste zu ihren Füßen die extrafeinen Haferflocken. Später saßen sie alle drei nebeneinander auf dem Sofa in der guten Stube und sahen in das Kerzenlicht.

Übrigens kochte die Frau im nächsten Jahr zu den Klößen zur Abwechslung Sauerkraut. Im Jahr darauf gab es zum Sauerkraut breite Bandnudeln. Das sind so gute Sachen, dass man nichts anderes dazu essen sollte.
Inzwischen ist viel Zeit vergangen.

Der Weihnachtshund

von Shel Silverstein

Heute ist der 24.12.,
als Wachhund mein erster Tag.
Vergangen bereits bis zur Hölfte;
mal sehn, was der Rest bringen mag.

Was ist das denn, Lärm auf dem Dach?
Katze? Nein. Einbrecher? Kenner
hören den Unterschied raus. Krach
im Kamin? –: Ein bärtiger Penner!
Und die größte Sauerei:
Er hat einen Sack dabei!

Ich belle, ich knurre, ich beiß ihm ins Bein.
Er schreit, springt zurück in den Schlitten.
Diese komischen Viecher kriegen auch noch fein
was ab. Da hilft kein Bitten,

jetzt ist das Haus wieder friedlich und still.
Der Platz vor dem Christbaum ist leer.
Wenn Herrchen mich morgen belohnen will –,
verdient hätt ich's jedenfalls sehr.

Last Christmas

von Judith Pinnow

Weihnachten mit kleinen Kindern ist magisch, geheimnisvoll und wunderschön.
Vor allem unser letztes: Schon gegen 5:10 Uhr werden wir mit den Worten „Wann kommt das Christkind?“ und „Krieg ich jetzt Geschenke?!“ geweckt. Bis zum ersten Kaffee, den wir ergeben um 6:12 Uhr in der Küche trinken, während es draußen noch stockdunkel ist und Menschen ohne Kinder selig in ihren Betten liegen und träumen können, haben wir diese Fragen schon etwa 49-mal beantworten müssen. Immer gleich übrigens: „Heute Abend, Schätzchen.“

Um 10 Uhr – die Kinder schauen schon seit fast zwei Stunden *Warten aufs Christkind* – schalte ich den Fernseher aus.
Leider wurden die wichtigen Fragen nicht vergessen.
„Wie lange noch bis zur Bescherung?“, variiert Natascha, unsere Älteste, die Dauerfrage.
„Nur noch acht Stunden“, sagt mein Mann.
Wir tun alles, damit diese acht Stunden schnell rumgehen. Wir laufen bei vier Grad und Nebel im Tierpark herum, wir schneiden kleine, große und vor allem windschiefe Sterne aus, wir essen aus Tradition Mittag in einem Fast-Food-Restaurant und treffen andere Eltern, die den Tag bis zum Abend irgendwie rumkriegen müssen.
Dann fällt mir plötzlich eine Kiste im Fahrradschuppen ein, in der ich noch Geschenke für die Kinder versteckt habe.
Uneingepackte Geschenke!
Also muss mein Mann die unwillige Mannschaft auf den Spielplatz zerren, damit ich hektisch ein-

packen kann. Doch viel zu früh steht er mit den drei Kindern wieder vor der Tür.
„Ich bin noch nicht fertig!", zische ich.
„Und ich bin durchgefroren und genervt!", zischt er zurück.
„Der Papa macht jetzt den Kamin an!", verkünde ich betont fröhlich und schiebe meinen Liebsten Richtung Wohnzimmer.
Ich packe den Rest ein und mache zwischendurch Kakao für alle, während mein Mann den aufgekratzten Kindern etwas vorliest.
Dann haben wir es geschafft. Es ist halb vier und wir können uns fertig machen für die Kirche. Leider heult unsere Nelli wegen jeder Kleinigkeit und wird einfach nicht fertig mit dem Anziehen. Ich nehme sie auf meinen Schoß, um ihr die Stiefel an die Füße zu basteln. Dabei merke ich, wie warm sie ist.
„Oh nein", seufze ich und halte meine Hand auf ihre Stirn. „Du hast ja Fieber. Darum bist du auch so ein Heulbär!"

Ich ziehe ihr die Jacke wieder aus, Stefan und ich beraten uns kurz, wer mit ihr zu Hause bleibt, und ich fahre mit Natascha und Nick alleine los. Auf dem ganzen Weg in die Kirche heult jetzt Nick, weil er glaubt, dass das Christkind nicht kommen wird, wenn nicht alle das Haus verlassen haben.
Natascha hat schließlich das rettende Argument: „Nelli ist krank, und zu kranken Kinder kommt das Christkind auf alle Fälle. Sogar als Erstes!" Das überzeugt ihn und wir können uns in die überfüllte Kirche quetschen.
Gefühlte drei Stunden später schlendern wir gut gelaunt zurück zum Auto. Natascha und Nick hüpfen und singen „Heute, Kinder, wird's was geben". Es ist dunkel. Überall glitzern Lichter und erwartungsvolle Kinderaugen.
Mein Blick fällt auf mein Handy. Sieben Anrufe in Abwesenheit. Vier neue SMS:
Wo bitte hast du unsere Geschenke versteckt?
Hab sie!

Kann das Glöckchen nicht finden!
Kerzen sind alle. Und die Weihnachtslieder-CD ist weg.
Ich seufze und fahre los, dem Wahnsinn entgegen. Die Kinder werden in Nataschas Zimmer geparkt, wo sie fleißig Weihnachtslieder singen. Nelli hat hochrote Bäckchen, übersteht den Abend aber dank Fiebersaft. Ich zaubere Kerzen und die Weihnachtslieder-CD aus dem Chaos, das Glöckchen bleibt verschwunden.
„Klingelingeling!“, rufe ich deshalb und drei Paar Kinderfüße stürmen die Treppe runter.
Papier fliegt, alle schreien und jubeln, mein Mann filmt, ich tröste, weil es kein echtes Pferd gibt, und vier Minuten später sind wir mit der Bescherung durch.
Beim Abendessen sitzen Stefan und ich größtenteils allein am Tisch, weil die Kinder sich lieber an ihren süßen Tellern bedienen und ein gigantisches Spielzeugschloss aufbauen müssen. Aber so muss

das auch sein, es ist schließlich Weihnachten. Wir erklären der kranken Nelli, die wieder angefangen hat zu weinen, dass Natascha wirklich weder mehr noch bessere Geschenke bekommen hat, erinnern Nick daran, auf die Toilette zu gehen, besorgen Unmengen von Batterien, die mein Mann glücklicherweise immer im Schrank hat, und prosten uns zwischendurch mit Sekt zu.
Gegen halb neun sind wir alle völlig fertig und drei von uns werden ins Bett gebracht. Vorher müssen wir noch einen kleinen Umzug durchführen, weil Natascha die tolle Idee hatte, all ihre Geschenke direkt ans Bett zu stellen, damit sie sie am nächsten Morgen gleich sehen kann, wenn sie aufwacht. Nelli heult, dass sie das auch will. Nick schleppt seinen Kran selbst die Treppe hoch, der bedenklich wackelt, doch ich darf ihn nicht anfassen, weil mein Sohn ständig schreit: „Alleine! Ich mach das alleine!“ Aber trotz der Aufregung schlafen sie schließlich alle ein.

Ich räume die Papierberge weg, dimme das Licht, lege die Weihnachtslieder-CD nochmal ein und kuschel mich zu meinem Mann aufs Sofa. Draußen fängt es sachte an zu schneien. Wir halten uns an den Händen und schweigen andächtig, bis mein Mann murmelt: „Da unten ist was Hartes …" Er zieht ein Playmobilmännchen hinter seinem Rücken hervor und wir müssen lachen. Weihnachten mit kleinen Kindern ist für Eltern weder magisch noch geheimnisvoll, aber ganz sicher wunderschön!

Der Glückwunsch

von Joachim Ringelnatz

Ein Glückwunsch ging ins neue Jahr,
ins Heute aus dem Gestern.
Man hörte ihn sylvestern.
Er war sich aber selbst nicht klar,
wie eigentlich sein Hergang war
und ob ihn die Vergangenheit
bewegte oder neue Zeit.
Doch brachte er sich dar, und zwar
undeutlich und verlegen.

Weil man ihn nicht so ganz verstand,
so drückte man sich froh die Hand
und nahm ihn gern entgegen.

Das Leben ist ein Geschenk –

pack es einfach aus!

Anonym

Zwölf mit der Post

von Hans Christian Andersen

Es war eine schneidende Kälte, sternenheller Himmel, kein Lüftchen regte sich.
‚Bums!' Da wurde ein alter Topf an die Haustüre des Nachbarn geworfen. ‚Puff, paff!' Dort knallte die Büchse; man begrüßte das neue Jahr. Es war Neujahrsnacht! Jetzt schlug die Turmuhr zwölf!
‚Trateratra!' Die Post kam angefahren. Der große Postwagen hielt vor dem Stadttore an. Er brachte zwölf Personen mit, alle Plätze waren besetzt.
„Hurra! Hurra! Hoch!", sangen die Leute in den Häusern der Stadt, wo die Neujahrsnacht gefeiert wurde und man sich beim zwölften Schlage mit dem gefüllten Glase erhob, um das neue Jahr hoch leben zu lassen.

„Prost Neujahr!", hieß es. „Ein schönes Weib! Viel Geld! Keinen Ärger und Verdruss!"
Das wünschte man sich gegenseitig, und darauf stieß man mit den Gläsern an, dass es klang und sang – und vor dem Stadttore hielt der Postwagen mit den fremden Gästen, den zwölf Reisenden.
Und wer waren diese Fremden? Jeder von ihnen führte seinen Reisepass und sein Gepäck bei sich; ja, sie brachten sogar Geschenke für mich und dich und alle Menschen des Städtchens mit. Wer waren sie, was wollten sie und was brachten sie?
„Guten Morgen!", riefen sie der Schildwache am Eingange des Stadttores zu.
„Guten Morgen!", antwortete diese, denn die Uhr hatte ja zwölf geschlagen. „Ihr Name? Ihr Stand?", fragte die Schildwache den von ihnen, der zuerst aus dem Wagen stieg.
„Sehen Sie selbst im Passe nach", antwortete der Mann. „Ich bin ich!" Und es war auch ein ganzer Kerl, angetan mit Bärenpelz und Pelzstiefeln. „Ich

bin der Mann, in den sehr viele Leute ihre Hoffnung setzen. Komm morgen zu mir; ich gebe dir ein Neujahrsgeschenk! Ich werfe Groschen und Taler unter die Leute, ja ich gebe auch Bälle, volle einunddreißig Bälle, mehr Nächte kann ich aber nicht daraufgehen lassen. Meine Schiffe sind eingefroren, aber in meinem Arbeitsraum ist es warm und gemütlich. Ich bin Kaufmann, heiße Januar und führe nur Rechnungen bei mir."

Nun stieg der zweite aus, der war ein Bruder Lustig; er war Schauspieldirektor, Direktor der Maskenbälle und aller Vergnügungen, die man sich nur denken kann. Sein Gepäck bestand aus einer großen Tonne.

„Aus der Tonne", sagte er, „wollen wir zur Fastnachtszeit die Katze herausjagen. Ich werde euch schon Vergnügen bereiten und mir auch; alle Tage lustig! Ich habe nicht gerade lange zu leben; von der ganzen Familie die kürzeste Zeit; ich werde nämlich nur achtundzwanzig Tage alt. Bisweilen

schalten sie mir zwar auch noch einen Tag ein – aber das kümmert mich wenig, hurra!"
„Sie dürfen nicht so schreien!", sagte die Schildwache.
„Ei was, freilich darf ich schreien", rief der Mann, „ich bin Prinz Karneval und reise unter dem Namen Februarius."
Jetzt stieg der dritte aus; er sah wie das leibhaftige Fasten aus, aber er trug die Nase hoch, denn er war verwandt mit den ‚vierzig Rittern' und war Wetterprophet. Allein das ist kein fettes Amt, und deshalb pries er auch die Fasten. In einem Knopfloche trug er auch ein Sträußchen Veilchen, auch diese waren sehr klein.
„März! März!", rief der vierte ihm nach und schlug ihn auf die Schulter; „riechst du nichts? Geschwind in die Wachstube hinein, dort trinken sie Punsch, deinen Leib- und Labetrunk; ich rieche es schon hier außen. Marsch, Herr Martius!" – Aber es war nicht wahr, der wollte ihn nur den

Einfluss seines Namens fühlen lassen, ihn in den April schicken; denn damit begann der vierte seinen Lebenslauf in der Stadt. Er sah überhaupt sehr flott aus; arbeiten tat er nur sehr wenig; desto mehr aber machte er Feiertage. „Wenn es nur etwas beständiger in der Welt wäre“, sagte er; „aber bald ist man gut, bald schlecht gelaunt, je nach Verhältnissen; bald Regen, bald Sonnenschein; ein- und ausziehen! Ich bin auch so eine Art Wohnungsvermietunternehmer, ich kann lachen und weinen, je nach Umständen! Im Koffer hier habe ich Sommergarderobe, aber es würde sehr töricht sein, sie anzuziehen. Hier bin ich nun! Sonntags geh ich in Schuhen und weißseidenen Strümpfen und mit Muff spazieren.“

Nach ihm stieg eine Dame aus dem Wagen. Fräulein Mai nannte sie sich. Sie trug einen Sommermantel und Überschuhe, ein lindenblattartiges Kleid, Anemonen im Haare, und dazu duftete sie dermaßen nach Waldmeister, dass die Schildwache niesen musste. „Zur Gesundheit und Gottes Segen!“, sagte sie, das war ihr Gruß. Wie sie niedlich war! Und Sängerin war sie, nicht Theatersängerin, auch nicht Bänkelsängerin, nein, Sängerin des Waldes; – den frischen, grünen Wald durchstreifte sie und sang dort zu ihrem eigenen Vergnügen.

„Jetzt kommt die junge Frau!“, riefen die drinnen im Wagen, und aus stieg die junge Frau, fein, stolz und niedlich. Man sah es ihr an, dass sie, Frau Juni, von faulen Siebenschläfern bedient zu werden gewohnt war. Am längsten Tage des Jahres gab sie große Gesellschaft, damit die Gäste Zeit haben möchten, die vielen Gerichte der Tafel zu verzehren. Sie hatte zwar ihren eigenen Wagen; allein sie reiste dennoch mit der Post wie die andern, weil sie zeigen wollte, dass sie nicht hochmütig sei. Aber ohne Begleitung war sie nicht; ihr jüngerer Bruder Julius war bei ihr.

Er war ein wohlgenährter Bursche, sommerlich angekleidet und mit Panamahut. Er führte nur wenig Gepäck bei sich, weil dies bei großer Hitze zu beschwerlich sei; deshalb hatte er sich nur mit einer Schwimmhose versehen, und dies ist nicht viel.

Darauf kam die Mutter selbst, Madame August, Obsthändlerin en gros, Besitzerin einer Menge Fischteiche, sie war dick und heiß, fasste selbst überall an, trug eigenhändig den Arbeitern Bier auf das Feld hinaus. „Im Schweiße deines Angesichtes sollst du dein Brot essen!", sagte sie, „das steht in der Bibel. Hinterdrein kommen die Spazierfahrten, Tanz und Spiel und die Erntefeste!" Sie war eine tüchtige Hausfrau.

Nach ihr stieg wieder ein Mann aus der Kutsche, ein Maler, Herr Koloriermeister September; der musste den Wald bekommen; die Blätter mussten Farbe wechseln, aber wie schön; wenn er es wollte, schillerte der Wald bald in Rot, Gelb oder Braun. Der Meister pfiff wie der schwarze Star, war ein flinker Arbeiter und wand die blaugrüne Hopfenranke um seinen Bierkrug. Das putzte den Krug, und für Ausputz hatte er gerade Sinn. Da stand er nun mit seinem Farbentopfe, der war sein ganzes Gepäck!

Ihm folgte der Gutsbesitzer, der an den Saatmonat, an das Pflügen und Beackern des Bodens, auch an die Jagdvergnügungen dachte; Herr Oktober führte Hund und Büchse mit sich, hatte Nüsse in seiner Jagdtasche – ‚knick, knack!' Er hatte viel Reisegut bei sich, sogar einen englischen Pflug; er sprach von der Landwirtschaft; aber vor lauter Husten und Stöhnen seines Nachbarn vernahm man nicht viel davon.

Der November war es, der so hustete, während er ausstieg. Er war sehr mit Schnupfen behaftet; er putzte sich fortwährend die Nase, und doch, sagte er, müsse er die Dienstmädchen begleiten und sie in ihre neuen Winterdienste einführen; die Erkältung, meinte er, verliere sich schon wieder, wenn er ans Holzmachen ginge, und Holz

müsse er sägen und spalten; denn er sei Sägemeister der Holzmacherinnung.
Endlich kam der letzte Reisende zum Vorschein, das alte Mütterchen Dezember mit der Feuerkiepe; die Alte fror, aber ihre Augen strahlten wie zwei helle Sterne. Sie trug einen Blumentopf auf dem Arme, in dem ein kleiner Tannenbaum eingepflanzt war. „Den Baum will ich hegen und pflegen', damit er gedeihe und groß werde bis zum Weihnachtsabend, vom Fußboden bis an die Decke reiche und emporschieße mit flammenden Lichtern, goldenen Äpfeln und ausgeschnittenen Figürchen. Die Feuerkiepe wärmt wie ein Ofen; ich hole das Märchenbuch aus der Tasche und lese laut aus ihm vor, dass alle Kinder im Zimmer still, die Figürchen an dem Baume aber lebendig werden und der kleine Engel von Wachs auf der äußersten Spitze die Flittergoldflügel ausbreitet, herabfliegt vom grünen Sitze und klein und groß im Zimmer küsst, ja, auch die armen Kinder

küsst, die draußen auf dem Flure und auf der Straße stehen und das Weihnachtslied von dem Bethlehemsgestirne singen."

„So! Jetzt kann die Kutsche abfahren", sagte die Schildwache, „wir haben sie alle zwölf. Der Beiwagen mag vorfahren!"

„Lass doch erst die zwölf zu mir herein!", sprach der Wachhabende, „einen nach dem andern! Die Pässe behalte ich hier; sie gelten jeder einen Monat; wenn der verstrichen ist, werde ich das Verhalten auf dem Passe bescheinigen. Herr Januar, belieben Sie näher zu treten."

Und Herr Januar trat näher.

Wenn ein Jahr verstrichen ist, werde ich dir sagen, was die zwölf uns allen gebracht haben. Jetzt weiß ich es noch nicht, und sie wissen es wohl selbst nicht – denn es ist eine seltsam unruhige Zeit, in der wir leben.

Das neue Jahr

hat so lange

eine weiße Weste,

bis man sie anzieht.

Hans Fallada

Will das Glück

von Wilhelm Busch

Will das Glück nach seinem Sinn
dir was Gutes schenken,
sage Dank und nimm es hin
ohne viel Bedenken.

Jede Gabe sei begrüßt,
doch vor allen Dingen:
Das, worum du dich bemühst,
möge dir gelingen.

Quellen

Frantz Wittkamp, Peinliche Panne,
© beim Autor

Barbara Kupke, Nikoläuse oder Nikolause,
© bei der Autorin

Anne Steinwart, An Dezembertagen,
© bei der Autorin

Jess Jochimsen, Die Mutter aller Sätze,
© beim Autor, in anderer Form unter dem Titel „Vier Kerzen für ein Halleluja" erschienen in: Alles Gute kommt von oben, hrsg. v. Julika Jänicke, München 2004 (dtv)

Gerhard Polt, Adveniat,
aus: Gerhard Polt, Heute wegen Tod geschlossen.
© 2001 by KEIN & ABER AG, Zürich – Berlin

Stefan Pinnow, Der Weihnachts-Champion,
© beim Autor

Paul Schick, Brief an den Schneemann,
aus: Paul Schick, Die Wolkenmühle,
© 1963 Herold Verlag, Stuttgart

Erwin Grosche, Das dritte Bein – ein Weihnachtswunder,
© beim Autor

Wir danken den Autoren und Verlagen für die freundliche Abdruckgenehmigung. Sollte es dem Verlag trotz intensiver Bemühungen nicht gelungen sein, die Inhaber der Textrechte zu ermitteln, bleiben berechtigte Honoraransprüche erhalten.